VIDA DE
SÃO PEDRO
APÓSTOLO

Pe. ISAC LORENA, C.Ss.R.

VIDA DE SÃO PEDRO APÓSTOLO

EDITORA
SANTUÁRIO

DIREÇÃO EDITORIAL:
Pe. Fábio Evaristo R. Silva, C.Ss.R.

REVISÃO:
Denis Faria

COORDENAÇÃO EDITORIAL:
Ana Lúcia de Castro Leite

DIAGRAMAÇÃO E CAPA:
Bruno Olivoto

**Dados Internacionais de Catalogação na Publicação (CIP)
(Câmara Brasileira do Livro, SP, Brasil)**

Lorena, Isac
    Vida de São Pedro Apóstolo / Isac Lorena; Aparecida, SP: Editora Santuário, 2003.

    ISBN 85-7200-806-3

    1. Pedro, Apóstolo, Santo I. Título.

03-1093   CDD-270.092

Índices para catálogo sistemático:
1. Santos cristãos: Vida e obra 270.092

4ª impressão

Todos os direitos reservados à **EDITORA SANTUÁRIO** – 2025

Rua Pe. Claro Monteiro, 342 – 12570-045 – Aparecida-SP
Tel.: 12 3104-2000 – Televendas: 0800 - 016 00 04
www.editorasantuario.com.br
vendas@editorasantuario.com.br

INTRODUÇÃO

Um livrinho sobre São Pedro.
Será uma coleção de lendas, historinhas e anedotas? Não.
É certo que, ao longo dos tempos, aquele pescador da Galileia, chamado Simão, ganhou um lugar de destaque na piedade simples e sincera da nossa gente. Mas não é de alegres fogueiras, mastros enfeitados, danças ou procissões que este livreto vem falar. Estas páginas querem apresentar ao nosso povo aquele São Pedro que, infelizmente, poucos conhecem: o discípulo que o Mestre escolheu e nomeou como o seu continuador no governo da sua Igreja; o apóstolo que se dedicou com todas as forças à propagação do Evangelho e, principalmente, o santo, modelo de fé e confiança, dedicação e admirável simplicidade. Um modelo para todos nós.

Se todos os santos foram, mais ou menos, humanos, São Pedro é, por excelência, o santo humano, com a sua fé, a sua dedicação, mas também com a sua exuberante naturalidade, as suas fraquezas e defeitos. Sem dúvida, uma figura toda singular entre todas as que aparecem no Evangelho.

Conhecendo melhor os traços principais desse "príncipe dos apóstolos", oxalá possamos compreender o que ele espera de nós, com a sua doutrina e com os exemplos que nos deixou.

I
O DISCÍPULO QUE APRENDIA

SIGAM-ME!

Relatando, embora resumidamente, a vida do Salvador neste mundo, os evangelistas no-lo mostram sempre em contato com a multidão. Pobres e ricos, doentes e pecadores, todos queriam a sua palavra ou os seus milagres. Era a humanidade carregada de misérias, em busca do seu Salvador.

Os mestres daquele tempo não se preocupavam com o povo, e simplesmente ignoravam os seus sofrimentos. Orgulhosos da própria ascendência, dedicavam-se apenas a pequenos grupos de privilegiados. Bem diferente era o recém-aparecido Profeta de Nazaré. Homem simples, acolhedor, dirigia-se a todos, e a todos atraía, não somente com os seus milagres, mas também com a sua doutrina. Seus ouvintes logo puderam notar que a sua palavra era realmente uma palavra de vida eterna.

VIDA DE SÃO PEDRO APÓSTOLO

Foi logo no início de sua vida pública. O Mestre estava a sós, caminhando pelas margens do lago de Genesaré, quando viu dois pescadores, Simão e André, lançando as suas redes para pescar. Aproximou-se e disse-lhes: "Sigam-me, e eu os farei pescadores de homens! Abandonando suas redes, imediatamente os dois o seguiram" (Mt 4,18-20).

Os dois pescadores mal conheciam aquele Mestre, com o qual, dias antes, haviam conversado apenas uma vez (Jo 1,35-44). Daí a pergunta: que força misteriosa teriam eles visto naquela palavra "Sigam-me", para obedecerem com tanta prontidão? E que teriam pensado daquela promessa tão estranha: "Eu vos farei pescadores de homens?" Nada perguntaram, e nada discutiram. Simplesmente abandonaram as suas redes, e obedeceram.

Quando nos chama, Deus não o faz apenas pelo prazer de nos chamar. Ele tem os seus planos a nosso respeito; por isso quer ser atendido, e não deixa para depois. Se ele não nos fala nem nos escreve, não importa. Ele tem os seus meios, os seus caminhos para revelar-nos a sua vontade. E ele sabe como chegar aonde quer, sem forçar a vontade livre que ele mesmo nos deu.

1 • O DISCÍPULO QUE APRENDIA

Ao chamar aqueles pescadores com uma palavra que já levava um tom de ordem a ser cumprida, Deus não quis fazer nenhuma exibição do seu poder, mas estava apenas mostrando aos futuros apóstolos o plano que a sua misericórdia traçara a respeito deles: "Eu os farei pescadores de homens". Como Simão e André, Judas, o traidor, também foi chamado. Mas não foi coagido; tanto assim que recusou figurar entre os doze eleitos. E, não aceitando o plano de Deus, acabou perdendo-se no desespero.

Desse plano de misericórdia o Mestre falou, pouco tempo depois, ao pescador Simão, que ficou sabendo claramente porque havia sido chamado. Uma missão ainda misteriosa, sim, mas grandiosa e sublime, estava à sua espera. A sós com os seus discípulos, o Mestre indagou: "Que dizem, por aí, a meu respeito?" Responderam: "Alguns dizem que és o Batista; outros acham que és Elias; falam também de Jeremias, ou de algum outro Profeta". "E vocês, perguntou o Mestre, que dizem de mim?" Prontamente Pedro respondeu: "Tu és o Cristo, Filho do Deus vivo" (Mt 16,13-16). Uma profissão de fé firme e sincera, à qual o Mestre respondeu, revelando o seu plano a respeito do discípulo: "Feliz de ti, Simão, filho de Jonas, porque não foi a carne e nem o sangue que isso te revelou, mas meu Pai que está nos céus. Agora eu te digo: 'És Pedro; e sobre esta pedra edificarei a minha Igreja'" (Mt 16,17-18).

Quem diria! Um pobre pescador, que só entendia de redes e de peixes, ignorante, sem qualquer cultura, que não conhecia mais do que o seu povoado e o lago onde trabalhava, esse o homem escolhido para ser o chefe dos apóstolos e a primeira pedra da Igreja. E quem o escolheu? A infinita sabedoria do Pai. Mas como? Deus sempre agiu assim, para que saibamos – embora não aprendamos nunca – que ele somente é quem tudo encaminha e tudo dirige, sem consultar ninguém.

Com a sua humildade Pedro soube agradecer ao Mestre. Não lhe dedicou nenhum poema, nenhum discurso sequer, mas consagrou-lhe toda a vida, com o suor do seu apostolado e com o sangue do próprio martírio. Soube agradecer, simplesmente correspondendo à confiança com a qual o Mestre o chamou.

1 • O DISCÍPULO QUE APRENDIA

Reflexão

Essa misteriosa escolha do apóstolo leva-nos a pensar em uma outra, que interessa, e muito, a cada um de nós. Dela já falava São Paulo quando escreveu: "Antes já da criação do mundo, Deus nos escolheu, para que fôssemos santos na sua presença" (Ef 1,4). Sim, ao nos criar, Deus teve os seus planos a nosso respeito. Desde toda a eternidade ele nos escolheu para que fôssemos santos. Como? Simplesmente sendo seus filhos. Essa é a santidade que ele espera de nós: que saibamos honrar a nossa grandeza e dignidade, vivendo essa filiação divina com a qual ele nos marcou. Infinitamente perfeito, e infinitamente santo, Deus nos quer refletindo, aos olhos do mundo e da eternidade, a sua perfeição; foi para isso que ele nos adotou como filhos, dando-nos como Mestre e Modelo o seu Filho, Cristo Jesus.

Ao ouvir a palavra do Mestre que o chamava, Pedro não duvidou um só momento. Abandonou as suas redes e, com toda coragem, saiu ao encontro daquela promessa misteriosa: "Eu os farei pescadores de homens". Foi assim que ele começou a seguir o Cristo.

Um dia, junto à pia batismal, nós também ficamos sabendo da nossa escolha: enquanto possível, refletir, como Cristo, a infinita santidade do Pai neste mundo. Podemos dizer que estamos realizando esse plano divino a nosso respeito? Que o apóstolo nos dê a sua fé e a sua coragem, para vivermos realmente como filhos de Deus e irmãos de nossos irmãos.

SOU UM PECADOR

"Primeiras horas do dia, às margens do Genesaré. Sonolentos, os discípulos descansavam de uma pescaria que durara a noite toda, sem qualquer resultado. E o povo, chegando aos poucos para ver e ouvir o Mestre. Este, vendo que a multidão avolumava-se sempre mais, entrou no barco de Pedro e afastou-se um pouco das margens. Sentando-se, falou durante um bom tempo, naquela sua linguagem simples mas colorida de parábolas ao alcance de todos.

Terminada a pregação, ele disse aos apóstolos: 'Agora vamos mais para dentro do lago e lancem as redes para pescar'. Naturalmente

1 • O DISCÍPULO QUE APRENDIA

que aqueles pescadores logo pensaram: 'Pescar? já vimos que o mar hoje não está para peixe...' Com a sua franqueza, Pedro encarregou-se de objetar: 'Senhor, passamos a noite toda pescando, e nada conseguimos; em todo caso, diante da sua palavra, vou lançar as redes'. Todos fizeram o mesmo, e logo as redes foram enchendo-se de peixes, com perigo de os barcos afundarem. Outros pescadores ajudaram, e as redes foram arrastadas para a praia.

Diante daquele milagre, Pedro, em sua humildade, teve um momento de pessimismo e desânimo. Um pecador como ele, continuar na companhia daquele Mestre?... não era possível. Mas para afastar-se e voltar para a casa... também não tinha coragem. Que fazer? Esperto, deixou o problema para o Mestre resolver, pensando: 'Se ele se afastar... paciência; eu é que não o posso fazer'. E, com toda humildade, prostrou-se diante de seu Mestre, dizendo: 'Senhor, afaste-se de mim... sou um homem pecador'. Havia nessas palavras um misto de admiração e de medo que a infinita bondade logo resolveu: 'Calma, Pedro!, disse o Mestre, de agora em diante você será pescador, sim, mas de homens'" (Lc 5,1-11).

Quanta sabedoria, e quanta humildade nesse dilema vivido pelo apóstolo! Continuar com o Mestre, ou separar-se dele? Qualquer outro teria ficado imensamente feliz e cheio de si por ser amigo e acompanhante daquele profeta que todos admiravam. Pedro, porém, não se esquecera de onde havia saído, e onde a bondade do Mestre o fora encontrar. Reconhecia-se, por isso, indigno de viver ao lado da grandeza e santidade daquele Enviado de Deus.

Pobre, sem nenhuma cultura, Pedro era realmente um coitado, esquecido no seu barraco de pescador. Mas hoje, a sua humildade está servindo de lição para todos aqueles que se julgam grandes diante do mundo, e até diante de Deus. Ser humilde não arrasa ninguém; pelo contrário, a humildade eleva-nos e engrandece aos olhos de Deus. Enquanto o orgulho nos cega, ela nos ilumina, fazendo-nos ver o que realmente somos, diante daquele que é o Altíssimo, a quem tudo devemos.

Há no Evangelho uma outra página, que nos mostra essa profunda humildade do apóstolo (Jo 13,6-9). Foi na última Ceia pascal.

1 • O DISCÍPULO QUE APRENDIA

Tudo já preparado, os discípulos puseram-se à mesa com o Mestre. Faltava, porém, o dono da casa que, nessas ocasiões, conforme o costume, devia lavar os pés empoeirados dos hóspedes e amigos presentes. Jesus levantou-se e, ante a admiração de todos, tomou uma tolha e uma vasilha com água. O Mestre... aquele Mestre, lavar os pés dos seus discípulos tão rudes, e tão mal cuidados? Foi o que ele começou a fazer. Todos se olhavam, não sabendo explicar aquela humilhação. Mas ninguém ousou dizer uma palavra. Chegando a vez de Pedro, Jesus prostrou-se diante dele, como fizera antes com os demais. Prontamente o apóstolo objetou: "O Senhor lavar-me os pés? De maneira alguma!" O Mestre explicou: "Pedro, agora você não pode mesmo entender o que estou fazendo; mais tarde, porém, você o irá compreender". Mas o pescador não era homem para ceder assim tão facilmente.

Firme e teimoso, Pedro repete o que dissera antes: "Lavar-me os pés, o Senhor? Jamais!" Foi preciso que o Mestre apelasse para uma razão decisiva que para o apóstolo soava como uma ameaça: "Se eu não lhe lavar os pés, você não será mais meu amigo". Pronto. A resistência e teimosia de Pedro simplesmente desmoronaram. Esqueceu tudo o que dissera antes. Perder a amizade do Mestre? Essa não! Impetuoso para objetar, foi mais impetuoso para exagerar no outro extremo, dizendo: "Não somente os pés, Senhor, pode lavar-me também as mãos e até a cabeça!"

O Mestre conhecia bem a humildade do seu discípulo. Por isso não levou a mal aquela sua resistência em não deixar lavar os pés. Tratava-se mais de uma atenciosa cortesia daquele pescador que se julgava indigno de tão subida honra. E se o Mestre, para convencer o apóstolo, precisou recorrer àquela quase ameaça, foi justamente por saber que era esse o argumento definitivo. Todo feliz, como se nada tivesse acontecido, Pedro cedeu.

Reflexão

Precisamos pensar que, sem humildade, todas as virtudes serão apenas vaidade e caprichos doentios de nossa parte. Pedro teimou com o Mestre, sim, mas logo cedeu, percebendo aonde iria parar se continuasse insis-

1 • O DISCÍPULO QUE APRENDIA

tindo em seu ponto de vista. Que sabemos nós diante da sabedoria infinita que tudo ordena e dirige em nossa vida? Temos de ter fé e confiança na misericórdia do Pai. Melhor do que nós, ele sabe aonde quer levar-nos, e como o irá fazer.

Quantas vezes não reclamamos de certas pedrinhas que aparecem ao longo do nosso caminho! Por que esta doença? Por que este sacrifício, este aborrecimento? Deus o sabe, e ele não tem obrigação de dar-nos explicações; quer apenas que confiemos em sua bondade e nos deixemos levar por sua sabedoria. Lavando os pés de Pedro, o Mestre disse-lhe: "Agora você não pode mesmo compreender o que estou fazendo; mas, um dia, você o irá compreender". É o que ele também nos diz quando reclamamos de certas surpresas que ele nos apronta. Um dia, porém, iremos amar o seu amor e bendizer a sua misericórdia por todos os sacrifícios que ele nos pediu. Que aceitemos, sim, a sua vontade em tudo, para não perdemos o seu amor; um dia tudo iremos compreender claramente, na eternidade da sua paz.

DEDICAÇÃO A TODA PROVA

Através do Evangelho podemos notar como Pedro foi sempre um tipo curioso em sua instabilidade e em suas contradições. Geralmente simples e rude, sabia ser delicado e atencioso, principalmente com o seu Mestre. Impetuoso muitas vezes, não raro deixava-se dominar pela timidez e pelo medo. Arrojado em algumas ocasiões, mas indeciso e até covarde quando ameaçado por algum perigo. Ignorante e teimoso nas próprias opiniões, delas desfazia-se, às vezes, com estranha facilidade. Ingênuo, e até infantil, mas firme e franco em sua sinceridade que nada escondia. Sempre, em toda parte, o homem que pensava em voz alta... por si e por seus colegas.

Mas apesar de todas essas falhas e fraquezas, ele sempre se distinguiu por sua fidelidade e dedicação ao Mestre. Humilde, reconhecia que, por sua ignorância e rudeza, não merecia a amizade e as atenções daquele Profeta de Nazaré. E fora escolhido por ele, entre muitos outros, mais dignos e capacitados. Acompanhando-o por toda parte, era ele quem mais aparecia como amigo, defensor,

1 • O DISCÍPULO QUE APRENDIA

e quase secretário do grande Profeta. Certamente uma honra com a qual nunca houvera sonhado. Por isso também soube corresponder à confiança nele depositada, com inegável dedicação àquele a quem tudo devia.

Após o milagre da multiplicação dos pães (Jo 6) a multidão, admirada e cheia de entusiasmo, já pensava em proclamar como seu rei aquele Profeta de Nazaré. Quem melhor do que ele para resolver os problemas da fome e miséria de um povo completamente abandonado? Para evitar um levante geral naquela região, o Mestre mandou que os apóstolos dirigissem-se para a outra margem do lago, e retirou-se, às escondidas, para os bosques de um monte próximo.

Pensando que ele havia viajado com os discípulos, muitos trataram logo de viajar para a outra margem. O Mestre já se tinha reunido com os apóstolos, e aproveitou da oportunidade para falar a todos da existência e necessidade de um outro pão, muito mais importante, mas desconhecido para eles.

"Não se preocupem tanto, disse o Mestre, com esse pão material que acaba; procurem mais o pão que lhes dá a vida eterna. Esse pão é o próprio Pai quem o dá, na pessoa daquele que veio dos céus para dar vida ao mundo. Eu sou esse pão; quem me procura não terá mais fome, e quem crê em mim não terá mais sede."

Alguns judeus começaram logo a murmurar: "Ele, pão que veio dos céus? Sabemos muito bem onde ele nasceu, e conhecemos os seus parentes. Muito menos pode ele ser filho de Deus, enviado ao mundo pelo Pai. Não podemos aceitar nem compreender o que ele ensina". Foi o começo da deserção; muitos o abandonaram, e não quiseram mais ouvi-lo.

Calmo, o Mestre olhou a seu redor, perguntando aos discípulos: "E vocês? Querem ir embora também?" Com toda firmeza, e para todo mundo ouvir, Pedro respondeu: "Abandoná-lo? De modo algum. A quem iríamos, se o Senhor, e somente o Senhor tem palavras de vida eterna? Nós o reconhecemos como o Cristo, Filho de Deus". Que fidelidade e coragem, diante do desprezo e desinteresse de outros! Não seriam a deserção e o desprezo de alguns que iriam abalar a dedicação do apóstolo a seu Mestre. "A quem iríamos?", perguntou ele, revelando toda a sua descrença no

1 • O DISCÍPULO QUE APRENDIA

que ensinavam os fariseus e doutores da lei. Era a segurança de quem sabia estar ouvindo a Palavra eterna.

No entanto, apesar de toda a sua fidelidade, Pedro teve de passar por momentos críticos, provas difíceis para a sua sinceridade e dedicação. Lembremos aqui aquela passagem de Mateus (14,22-32). Devido à sua extensão, o lago de Genesaré era para os judeus um mar. Em plena escuridão da noite estavam os discípulos em seus barcos, tentando atravessar o lago. O Mestre não estava com eles. Soprava um vento muito forte, e as ondas ficavam cada vez mais altas e perigosas. Os discípulos já estavam com medo, quando, de repente, na escuridão, aparece um vulto caminhando sobre as águas. Apavorados, todos começaram a gritar. Mas o Mestre gritou-lhes também: "Não tenham medo! Sou eu!" "Se é o Senhor, disse Pedro, mande-me ir até aí, caminhando também sobre as ondas!" Um desafio pedindo um milagre? Sim ou não, o Mestre concordou: "Pois não, pode vir!"

Imediatamente, Pedro saltou do barco e pôs-se a caminhar sobre as águas; apressado, queria chegar o quanto antes. Já estava perto, quando as ondas, mais altas e enfurecidas, já ameaçavam sepultar o experiente pescador. De repente Pedro começou a afundar... Foi quando o Mestre chegou, e, agarrando-o pela mão, perguntou: "Por que você duvidou, homem sem fé?" Foi esta, sim, uma prova para a coragem e dedicação do apóstolo. Mas apesar do perigo em que se viu, ele teve certamente uma secreta alegria: enfrentar a tempestade e vencer, andando, a fúria das ondas, para estar junto de seu Mestre. Essa coragem os outros não tiveram.

Reflexão

Com suas lutas, aborrecimentos e sacrifícios, a nossa vida de cada dia está cheia de provas para o nosso amor e fidelidade ao Pai. Sentimo-nos como o apóstolo em meio às ondas, sem saber como sair de certas situações. É quando a falta de fé leva-nos ao desânimo, ao pessimismo, fazendo-nos crer que estamos abandonados, sem ninguém que nos queira ajudar. "Prefiro perder a vida a perder a minha esperança", disse alguém. E com razão, pois perder a minha esperança seria cair no desespero, que nada resolve. Ainda que tudo e todos nos faltem, nunca nos irá faltar aquele Pai que não nos esquece.

No seu amor infinito ele sabe por que permite certas provas no caminho da nossa vida. Afinal ainda estamos neste mundo; é aqui, é agora que devemos preparar e merecer a nossa eternidade. Quanto mais dura for a vida, tanto mais firme seja a nossa fé; quanto mais sacrifícios ela nos pedir, tanto mais confiança naquele que nunca nos poderá abandonar. Em tudo o que nos pesa, em tudo o que nos mortifica e faz sofrer, temos de ver sempre aquele que nos diz: "Não tenham medo! Sou Eu!" Ele certamente saberá dar-nos a mão, como deu a Pedro, para socorrer-nos e salvar.

INGENUIDADE

Certo dia, acompanhado apenas de Pedro, Tiago e João, o Mestre retirou-se a um monte deserto, perto da cidade. E, em dado momento, transfigurou-se todo aos olhos dos discípulos. Seu rosto brilhava como o sol, e suas vestes, alvas como a neve. A seu lado, conversando com ele, apareceram Moisés e Elias. Um espetáculo deslumbrante, quase um pedacinho de céu (Mt 17,1-3.8).

Como sempre, Pedro não pôde ficar quieto. Extasiado, como num sonho o qual nunca pudera sonhar, saiu-se logo com esta: "Que maravilha, Senhor! E que delícia ficarmos sempre aqui!" E já providenciando tudo: "Poderíamos até construir três tendas, para o Senhor, para Moisés e Elias". Estava ele ainda falando, quando uma nuvem branca envolveu a todos, e ouviu-se uma voz: "Este é o meu Filho dileto; ouvi-o!" Apavorados, os apóstolos caíram por terra, sem dizer uma palavra. Foi quando o Mestre aproximou-se e disse-lhes: "Levantem-se, não tenham medo!" Timidamente, os três abriram os olhos e viram apenas o Mestre. Fim do espetáculo, tudo terminado. E nada mais a fazer, senão voltar à rotina de todos os dias.

"Que maravilha! Que delícia ficarmos por aqui!" Sim, uma ingenuidade do apóstolo. Ficarem os três com o Mestre naquele lugar deserto, vivendo apenas de brisas celestes!... No entanto temos de dar razão a Pedro. Num pe-

1 • O DISCÍPULO QUE APRENDIA

dacinho de céu como aquele, quem não gostaria de viver sempre? Depois, em meio às lutas e sacrifícios de sua vida, Pedro certamente iria recordar-se, com inefável doçura, daqueles momentos vividos no Tabor. E com uma santa pontinha de orgulho, iria dizer, como disse também o apóstolo João: "Nós vimos a sua glória" (Jo 1,4).

Impressionados com a fama do Mestre junto ao povo, com os milagres que operava, e com um reino misterioso que ele vivia anunciando, os discípulos, ainda ignorantes, não renunciavam a uma doce ilusão: ver o povo aclamando o Mestre como rei de Israel, os seus amigos ocupando os primeiros lugares no seu reino, sem qualquer preocupação com barcos, redes e pescarias. Esse já era um assunto de frequentes discussões entre os Doze, pois, cada qual se apresentava como candidato aos postos mais relevantes no futuro reino.

Para que os seus amigos não vivessem alimentando esses sonhos de grandeza, e não se desiludissem ante os acontecimentos da sua morte, o Mestre não deixou de preveni-los. Foi assim que, numa ocasião, ele falou claramente aos discípulos: "Devia ir a Jerusalém, onde teria de sofrer toda sorte de ofensas para, finalmente, ser condenado à morte". "Impossível", pensaram os apóstolos. Mas Pedro não somente pensou. Chefe e intérprete do grupo, era ele o porta-voz de todos, para falar, dar ideias e conselhos ao Mestre. Foi o que ele fez.

Prevalecendo-se da sua amizade, tomou o Mestre pelo braço, levou-o para um lado – respeito e segredo – e arriscou uma quase proibição: "Ir a Jerusalém encontrar-se com aqueles fariseus hipócritas? Não tem cabimento, e de modo algum!" Imposta a proibição, uma palavra amiga para tranquilizar o seu Mestre: "O Senhor não irá sofrer nada, e, muito menos, ser condenado à morte". O Mestre compreendeu a preocupação do seu amigo. Mas disse-lhe com firmeza: "Deixe-me em paz, Pedro; você está fazendo o papel de um tentador, porque só entende das coisas deste mundo, e nada sabe dos planos do Pai". Era a ingenuidade do apóstolo, e, dessa vez, querendo contradizer o seu Mestre, em assunto do qual nada entendia (Mt 16,21-24).

Uma ingenuidade, sim, que podemos muito bem compreender. Pedro sentia-se como um defensor do Mestre, e não admitia

1 • O DISCÍPULO QUE APRENDIA

que fosse ele injuriado e preso por seus inimigos. Era natural que naquela situação se calasse a inteligência, para dar lugar ao grande coração do apóstolo.

Num coração simples e profundamente sincero, a ingenuidade é, muitas vezes, perfeitamente natural. É que a sinceridade não conhece limites e não recorre às aparências, às explicações ou subterfúgios. É cristalinamente clara. Daí o seu tom de ingenuidade. É o que vemos em uma outra situação da vida do apóstolo.

Foi no Jardim das Oliveiras. Enquanto o Mestre agonizava, ante a previsão dos seus sofrimentos, os discípulos dormiam tranquilamente. A noite já ia avançada, quando apareceu um grupo de soldados para prender o Nazareno. Os discípulos fugiram, mas Pedro foi logo ao encontro dos guardas e reagiu com valentia. Desembainhou a sua espada e avançou sobre um dos soldados, para decepar-lhe a cabeça. Na escuridão, porém, o guarda conseguiu esquivar-se do golpe, e a espada cortou-lhe somente uma orelha. "Guarde a sua espada!", disse o Mestre ao discípulo. Muito a contragosto, Pedro teve de se conter.

Podemos supor que o apóstolo não andasse sempre armado; não havia necessidade disso. Mas como o Mestre já havia anunciado a sua ida a Jerusalém, a sua prisão e a sua morte... em Jerusalém ele já estava; e rumores havia de uma cilada contra o Mestre. Pedro era, sim, ignorante, analfabeto; mas em assuntos da vida prática não era bobo e conhecia bem a malícia dos fariseus. Por via das dúvidas tratou de precaver-se. Como e onde conseguiu aquela espada? Talvez a tivesse guardada em casa; talvez a tenha emprestado de algum amigo, não sabemos. Isso ele nos poderá contar, um dia...

Reflexão

Sozinho, e em plena escuridão da noite, que podia fazer Pedro contra todo um bando de soldados? Apenas arriscar a vida. Seu amor e dedicação ao Mestre não lhe permitiam fugir como fizeram os seus colegas. E, de espada em punho, arriscou. Ingenuidade? Poderia parecer, sim. Mas tudo se explica, quando nos lembramos do coração grande e sincero daquele pescador da Galileia.

1 • O DISCÍPULO QUE APRENDIA

Amar ao Pai; contar com o seu amor e com a sua Providência; esperar por uma vida futura... para aqueles que não têm fé, e que não amam, tudo isso é também ingenuidade. Mas, para nós, essa aparente ingenuidade é a verdadeira sabedoria. É a felicidade daqueles que creem, que confiam e que sabem amar.

COMO ENTENDER?

Simples criatura, jamais poderá o homem compreender a infinita perfeição do seu Criador. Vendo e julgando sempre com os parcos recursos de sua inteligência, é natural que não raro o homem se surpreenda diante dos planos de Deus, misteriosos e impenetráveis, ou diante da sua Lei e da sua Palavra, que não consultam ninguém. Basta lembrarmos o plano da Redenção do mundo, iniciado no estábulo de uma estrebaria, para terminar no absurdo de uma cruz. Nossa pobre inteligência humana diz que não dá para entender.

Certa ocasião estava o Mestre ensinando ao povo; e, ao falar da infinita bondade do Pai, ele disse aos ouvintes: "Se vocês, cheios de maldade como são, sabem presentear os próprios filhos, tanto mais o Pai que está nos céus saberá fazê-lo também" (Mt 7,11). Foi assim que o Mestre viu-nos: cheios de maldade. É por isso que não chegamos a entender como o Pai possa ser tão bom e tão misericordioso conosco.

Pedro era aquele pescador rude e ignorante, cujos conhecimentos cabiam todos no seu barco de pescar. Se nada entendia do poder e sabedoria do Pai, também não podia imaginar que fossem tão grandes a mansidão e a bondade de seu Mestre. Este vivia sempre recomendando o amor aos semelhantes, a caridade no modo de julgar os outros, o perdão aos inimigos e desafetos. Diante disso Pedro vivia remoendo uma séria dúvida de consciência: Perdoar... até quando? Esquecer... como?... Aproveitando o assunto apresentado pelo Mestre, desabafou numa pergunta: "Senhor, quantas vezes devo perdoar ao meu semelhante, quando ele me ofender; até sete vezes?" "Setenta vezes sete", respondeu o Mestre (Mt 18,21).

Humano como era, Pedro imaginava que se perdoasse até sete vezes, já estaria exagerando. Qual não terá sido o seu espanto, ou-

1 • O DISCÍPULO QUE APRENDIA

vindo o Mestre dizer que era preciso perdoar sempre! Não é assim que o Pai perdoa-nos? Sua misericórdia não conhece limites. Infelizmente, porém, a nossa maldade não conhece medidas, chegando ao absurdo de recusar o perdão que o Pai oferece-nos. Nesse caso, como Deus poderá perdoar a quem não quer ser perdoado?

Em sua ignorância, Pedro achava que devia medir a misericórdia do Pai com o metro de sua falta de compreensão, ou seja, de sua ruindade. E assim fazemos nós também. Porque o nosso orgulho e vaidade não sabem esquecer nem perdoar, julgamos que Deus procede conosco da mesma forma, não compreendendo que sua misericórdia seja infinita. "Sede misericordiosos como vosso Pai é misericordioso" (Lc 6,36). Infelizmente, essa bondade infinita não é aceita nem compreendida por nossa humana maldade. Por isso, enquanto alguns se escandalizam com uma Justiça eterna e imutável, outros se escandalizam com uma misericórdia sem medidas. Parece incrível, mas infelizmente é assim.

Como não compreendia a misericórdia do Pai, perdoando mais do que sete vezes, assim também Pedro não imaginava que fosse tão grande a sua liberalidade para recompensar os seus filhos, já neste mundo. Um rapaz, de grandes posses, apresentou-se, um dia, ao Mestre perguntando-lhe: "Que devo fazer para segui-lo?" "Guarde os Mandamentos", foi a resposta. Mas o rapaz insistiu: "Isso eu já estou fazendo desde criança". "Bem, disse o Mestre, se você quer ser perfeito, venda tudo o que tem; dê o dinheiro aos pobres; depois, venha e siga-me!" (Mc 10,17-32).

Apegado à sua riqueza, o rapaz retirou-se bastante aborrecido. Foi quando o Mestre observou a seus discípulos: "Como é difícil para os ricos entrar no reino dos céus! Mais fácil é passar um camelo pela abertura de uma agulha". Foi aquele espanto entre os discípulos, dizendo uns aos outros: "Nesse caso, quem vai poder entrar nesse reino de Deus?"

Pedro sentiu-se logo diante de um perigo muito sério. Afinal ele estava seguindo o Mestre com boa fé, certo de que teria um lugar de destaque naquele reino tão difícil de se conquistar. Agora... aquela palavra do Mestre, quase apagando a sua esperança e destruindo todos os seus sonhos..., não dava para ele en-

1 • O DISCÍPULO QUE APRENDIA

tender. Quanto antes precisava resolver aquela situação, pois não podia continuar vivendo na incerteza. E foi logo ao assunto: "Senhor! Aqui estamos nós, que tudo abandonamos para o seguir; e agora... que iremos receber?" (Mt 19,27).

O pescador sabia cobrar. Não tendo estudos nem cultura, mostrou-se inteligente para raciocinar: o reino de Deus, segundo o Mestre, era difícil, quase impossível para os ricos avarentos; mas eles, os apóstolos, eram pobres, se desfizeram de tudo. Portanto para eles aquele reino devia ser fácil, como uma recompensa muito bem merecida. Assim ele pensou; mas quis ter uma certeza da parte do Mestre. Essa se fez ouvir logo: "Eu lhes garanto, disse ele, quem tiver deixado a sua casa, receberá o cêntuplo neste mundo e a vida eterna no outro" (Mt 19,29). Certamente, uma recompensa com a qual nunca haviam sonhado aqueles homens tão simples e tão pobres.

Reflexão

"Senhor! Nós abandonamos tudo e o seguimos." Esse "tudo" que Pedro tanto acentuava, na realidade, era um nada. Um casebre que não era nenhum palácio; uma família sem posses; um barco de pesca que não era nenhuma lancha; e algumas redes mal traçadas; isso era tudo... Sim, tudo o que eles possuíam, embora para outros fosse um nada. E a tudo eles haviam renunciado, atendendo ao chamado do Mestre. Qual a recompensa? Solenemente anunciada, foi muito maior do que eles esperavam: receber o cêntuplo neste mundo, e, no outro, a vida eterna. Dava para entender? Naquele dia Pedro e seus colegas compreenderam o que nós, muitas vezes, esquecemos: Quando Deus pede-nos algo, é porque tem muito mais para dar-nos. Sua liberalidade é infinita, embora não o possamos compreender.

CURIOSO E CIUMENTO

Como todos os santos, Pedro também não nasceu perfeito. Tinha lá as suas boas qualidades e os seus defeitos também. Vivendo anos ao lado da santidade infinita do seu Mestre, ele foi aprendendo, foi corrigindo-se, até se tornar um santo. E santidade quer dizer milagres?

1 • O DISCÍPULO QUE APRENDIA

Pessoas de um outro mundo? Não. Santo é simplesmente aquele que vive o resumo de todos os Mandamentos: Amar ao Pai com todas as forças e aos nossos semelhantes como a nós mesmos (Mt 22,36-38). Fácil? A experiência diz que não, pois o amor supõe a ausência do egoísmo, o que sempre nos será difícil.

Que Pedro fosse curioso e ciumento, compreende-se. Aquele pobre pescador nunca havia saído, muito menos viajado. Passara os seus dias vendo sempre as mesmas casinhas amontoadas perto do lago, os mesmos conhecidos, os mesmos barcos e redes. Era natural que fosse curioso, não perdendo ocasião para perguntar, para saber tudo o que pudesse.

Ciumento? Sim. Qual o pobre que não tem ciúme do pouco que tem ou daquilo que possa conseguir? Pedro, desde a sua infância, foi um coitado que nunca conheceu luxo nem conforto. Com o seu barco e as suas redes, conseguia apenas o suficiente para o sustento de sua família. Muito natural, portanto, fosse ele ciumento do nada que possuía e do que pudesse vir a ter, se a sorte o favorecesse.

Com a sua habitual delicadeza, é São Lucas quem nos apresenta uma amostra da curiosidade do apóstolo, temperada com uma gotinha de ciúme. O Mestre havia falado sobre a vida terrena, acentuando a necessidade de estarem todos preparados, já que a outra vida poderá começar quando menos se pensa. "Estejam vigilantes, porque o Filho do Homem poderá chegar de um momento para outro." Não entendendo bem as palavras do Mestre, Pedro logo imaginou que ele estivesse anunciando alguma aparição ou chegada triunfal para dar início àquele reino do qual sempre falava. Ciumento, achou que esse era um assunto secreto, reservado apenas aos discípulos; o povo não precisava saber disso. Interrompeu bruscamente o seu Mestre e perguntou: "Senhor, essa parábola é somente para nós, ou também para os outros?" (Lc 12,35-42). Conhecendo como conhecia o seu amigo, o Mestre nem lhe deu resposta; simplesmente continuou a sua pregação ao povo.

No Tabor, à hora da Transfiguração (Mt 17,1-8), extasiado ante a figura deslumbrante do seu Mestre, Pedro logo pensou: "Que maravilha, Senhor, ficarmos sempre aqui! Poderíamos erguer três tendas"... Ótima ideia, sim, mas com uma pequena dose de ciúme. E os outros, seus colegas, que não foram chamados a assistir aquele espetáculo? "Problema deles", deve ter pensado Pedro, pouco interessado em repartir assim, com tanta gente, a sua felicidade de estar com o Mestre naquele paraíso.

Outra curiosidade do apóstolo, e esta nós a desculpamos, dado o seu apego ao Mestre. Foi na última Ceia. Os discípulos estavam à mesa, conversando à meia voz, porque o momento não era para muita expansão. Despedindo-se dos discípulos, o Mestre começou a falar-lhes com disfarçável tristeza. E, a certa altura, acabou desabafando, visivelmente angustiado: "Agora preciso dizer que um de vocês vai trair-me" (Mt 26,21).

Tomados de surpresa, imediatamente os discípulos puseram-se a olhar, uns para os outros, em busca de alguma explicação. Junto ao Mestre estava João, o Evangelista; e Pedro, um tanto afastado, fez logo um sinal ao colega, perguntando: "Quem será o traidor?" Foi quando Judas indagou: "Por acaso eu, Mestre?" "Sim" foi a resposta. E o traidor logo se retirou.

A delicadeza de Cristo. Tanto tempo esteve Judas em sua companhia! Um interesseiro, movido apenas pela própria ambição. E o Mestre sabia de tudo. Mas nunca deixou escapar uma palavra sequer que pudesse comprometer o traidor. Pelo contrário, sempre o tratou com a mesma atenção que dispensava ao demais. Daí que, até aquele momento, ninguém suspeitasse de Judas. A curiosidade de Pedro foi a curiosidade de todos. E nem era para menos.

Mais uma vez, Pedro interessado por novidades. Foi depois da Ressurreição (Jo 21,18-23). Após ter confirmado o apóstolo como chefe de sua Igreja, o Mestre anunciou-lhe o tipo de morte que o esperava, nas mãos dos inimigos. Algo de muito sério, para deixar o apóstolo preocupado. Mas na hora ele nem se impressionou. É que estava perto dele um outro discípulo, João, o Evangelista. E Pedro quis saber qual seria o fim também do seu colega: "Senhor, e qual será o fim deste aqui?" O Mestre bem que conhecia a rudeza do seu amigo. Desculpou-o, mas não quis satisfazer aquela curiosidade, verdadeira indiscrição. Por isso a resposta foi seca: "E se eu quiser que ele continue vivo até que eu volte? Que tem você com isso?" Pedro, que não era bobo, compreendeu. Não tinha nada a ver com a vida nem muito menos com a morte dos outros...

1 • O DISCÍPULO QUE APRENDIA

Reflexão

As falhas e os defeitos de Pedro. Nós não os temos também? E as suas qualidades, as suas virtudes? Sua fidelidade e dedicação ao Mestre. Sua profunda humildade, ao lado de uma inabalável confiança. Aquela sinceridade às vezes até ingênua. Sua gratidão manifestada naquele apego ao Mestre, do qual nunca se afastava. Olhemos para nós mesmos. Infelizmente em matéria de virtudes nós nos contentamos com pouco.

"Se outros puderam, por que eu não poderei também?", assim perguntava aquele convertido que se tornou Santo Agostinho. Falhas e defeitos nós temos, muito mais do que virtudes. Mas que tenhamos também aquele desejo sincero de Pedro, de nunca nos afastarmos do Mestre. Foi assim que os santos se santificaram. E o que eles puderam, está ao nosso alcance também. Fidelidade no nosso amor ao Pai e a nossos irmãos. Não é o que nos falta? Que Pedro, nosso amigo e modelo, ajude-nos a chegar a esse amor que contém toda a santidade.

PREVENDO O PIOR

Era de preocupação e de imensa tristeza o semblante do Mestre durante aquela última Ceia pascal. Diante de seus olhos já apareciam os horrores de sua Paixão e Morte: a agonia no Horto, a fuga de seus discípulos, a prisão... tudo previsto.

Desconfiados, os discípulos nem de longe podiam pensar no que lhes iria acontecer. Pelo contrário, estavam achando que o Mestre iria aproveitar da ocasião para levantar o povo contra as autoridades e fazer-se rei de Israel. Novamente, entre os Doze, as discussões sobre os primeiros lugares naquele reino com o qual viviam sonhando. E foi para os prevenir que o Mestre falou-lhes longamente, fazendo-os ver que era chegada a hora da prova. Particularmente para Pedro, as suas palavras foram pouco risonhas: "Simão, Simão, você foi escolhido por Satanás para ser batido como o trigo; mas eu pedi por você, para que a sua fé não desfaleça e você confirme os seus irmãos" (Lc 22,31).

Pedro não era homem para assustar-se facilmente. Achava que nenhuma prova poderia abalar a sua confiança e dedicação ao Mestre. Seus colegas, sim, já estavam preocupados com o que

1 • O DISCÍPULO QUE APRENDIA

poderia acontecer. Mas ele, Pedro, o chefe de todos, o melhor amigo do Mestre, não estava ali para fracassar. Firme e decidido, ele respondeu: "Senhor, eu estarei a seu lado, na prisão, e até na morte". Pobre apóstolo! Estava confiando demais em si mesmo, deixando-se levar por uma presunção que depois iria fazê-lo chorar amargamente.

Conhecendo bem o seu amigo, sempre arrojado e impetuoso, o Mestre sabia de sua inexperiência e ingenuidade nas horas de arrebatamento. Não o censurou, mas carregou na advertência, dizendo claramente: "Pedro, eu lhe digo que, nesta noite, antes de o galo cantar, você já me terá negado umas três vezes".

Os discípulos perceberam que a situação estava tornando-se cada vez mais tensa. Se até Pedro, o chefe tão destemido, ia renegar o seu Mestre naquela noite... E resolveram mostrar coragem; mas uma coragem que não tinham: "Senhor, temos aqui conosco duas espadas!" Uma delas já estaria com Pedro; a outra... nem chegou a ser usada, porque, na hora da prova, todos fugiram.

Terminada a Ceia, o Mestre foi para o Jardim das Oliveiras. Os discípulos o acompanharam; e, recostados aos troncos das árvores, puseram-se a dormir. Ao chegar os guardas, todos despertaram apavorados e desapareceram na escuridão, cada qual tentando salvar a própria pele. Ficou apenas Pedro, que tentou reagir, cortando a orelha de um soldado. Nada mais pôde fazer. O Mestre foi preso e conduzido para a cidade.

"Pedro, porém, acompanhava-o de longe", diz São Lucas (22,54). E o pobre do apóstolo mal sabia que o pior ainda estava para acontecer. Sozinho, disfarçando para não ser reconhecido, magoado em sua valentia que nada podia fazer, mal conseguia acreditar: o seu Mestre preso como um criminoso qualquer. Abandoná-lo e fugir como os outros fizeram? Não. Tinha de aguentar, assistindo aquela cena de ódio e selvageria. Ouvindo, espiritando, nada perdia, pois, quem sabe, ainda iria salvar o seu Mestre.

Sua dedicação, porém, nada pôde fazer. Dura e cruel, a realidade ali estava. Seu melhor amigo preso, sem ninguém que o pudesse defender. Pedro lembrou-se então do que o Mestre lhe dissera, certa ocasião: teria de ir a Jerusalém, para ser preso e condenado. Seria dessa vez? Preso ele já estava... Mesmo assim o apóstolo não desistiu. Continuou seguindo aquele bando de soldados até o palácio de

1 • O DISCÍPULO QUE APRENDIA

Caifás. Sempre disfarçando, como se fosse um curioso qualquer, conseguiu chegar até a entrada, à espera do que viesse a acontecer. Mal sabia que ali a sua coragem ia desmoronar.

Reflexão

"E Pedro acompanhava-o de longe." Sim, o único apóstolo que teve coragem e tudo arriscou para não abandonar o seu Mestre. De longe, sim, porque não podia estar perto, como desejava o seu grande coração. Mesmo de longe, os seus olhos procuravam ansiosamente, entre as tochas acesas, o vulto do seu melhor amigo, pois não queria perdê-lo de vista. Se o Mestre fora abandonado, ele também se sentia sozinho, porque nenhum dos colegas tivera coragem de fazer-lhe companhia. E foi sozinho que ele enfrentou aquela situação. Escondendo-se, espreitando sempre, podendo ser reconhecido a qualquer momento, ele tinha apenas um desejo: salvar, a todo custo, o amigo que tanto queria. Mais tarde, porém, ele iria reconhecer que, enquanto procurava salvar o Mestre, era o Mestre quem o estava salvando da infidelidade, na qual os outros caíram, e do desespero, no qual Judas caiu: "Eu pedi por você, para que a sua fé não desfaleça".

Em nossa vida poderá haver também dias, meses e até anos de escuridão. Situações que não conseguimos resolver, sofrimentos que não podemos afastar, levam-nos facilmente ao pessimismo e até à revolta. É quando nos sentimos sem coragem, e, o que é pior, sem uma réstia sequer de fé e confiança naquele Pai que imaginamos longe de nós. É hora de lembrarmos-nos do apóstolo na escuridão daquela noite, sem saber o que fazer. Não é o Pai que se afasta de nós; somos nós que nos colocamos longe dele, por nossa falta de confiança. Que não o percamos de vista em meio à nossa escuridão; e veremos que ninguém é tão Pai como Deus.

"NÃO CONHEÇO ESSE HOMEM"

Sabendo da amizade e dedicação de Pedro para com o seu Mestre, ninguém poderia pensar que ele, um dia, pronunciasse essas palavras referindo-se ao seu melhor amigo. E foi o que aconteceu.

1 • O DISCÍPULO QUE APRENDIA

"Pedro, Pedro, esta noite, antes de o galo cantar, você já me terá negado umas três vezes." Quem o diria! Tanta promessa de fidelidade, garantindo estar pronto a morrer pelo Mestre; tanta coragem para acompanhar o seu amigo preso até ao palácio! E depois... um tremendo fracasso. O medo e a covardia tomaram conta do apóstolo. E, como os seus colegas, Pedro também acabaria tentando salvar a própria pele, esquecido de tudo o que prometera.

Ele fora escolhido pelo Mestre como primeira pedra da sua Igreja. Se o fundador dessa Igreja estava sendo tão humilhado, a primeira pedra, para resistir a todas as provas, devia ser também colocada bem no fundo do alicerce – da humilhação e do remorso.

Preso o Mestre, e entregue a Caifás, os guardas deram por terminada a sua tarefa. E, como a noite estava um tanto fria, fizeram uma fogueira no pátio de entrada do palácio e ali ficaram conversando. Pedro arriscou. Não fora reconhecido e sentou-se também entre eles, como um estranho qualquer. Foi quando chegou uma servente da casa. Estranhou aquele civil no meio dos guardas. Percebeu logo que ele não estava muito à vontade; pelo contrário, com medo e desconfiado. Com uma pontinha de malícia, a mulher disse: "Este aqui é um dos amigos dele". "Que nada! Nunca conheci esse homem", respondeu o apóstolo. Pouco depois chegou um guarda e disse a Pedro: "Você também é daquele bando..." "Não sou", disse Pedro. E continuou conversando, mas nervoso e preocupado. Quase uma hora depois, outra testemunha afirmando: "Este aqui vivia com ele; é Galileu, o sotaque não nega..." "Não entendo o que você está falando", retrucou o apóstolo. Foi quando o galo cantou (Lc 22,55-60).

Pobre Pedro! Poucas horas antes havia prometido: "Senhor, estarei a seu lado na prisão, e até a morte!" Agora toda a sua empáfia e coragem estavam arrasadas. No momento em que o Mestre mais precisou do amigo, esse amigo fracassou. "Nem conheço 'esse homem'"... Diante da língua de uma criada e de alguns guardas, Pedro transformara-se em uma criança medrosa. De nada lhe adiantou ter ouvido o Mestre dizer um dia: "Aquele que me negar diante dos homens, eu também não o reconhecerei diante de meu Pai" (Lc 12,8). Tão corajoso no Horto; e logo depois... um fracalhão covarde.

Quanto maior a altura, tanto mais triste a queda. O primeiro entre os apóstolos, a pri-

1 • O DISCÍPULO QUE APRENDIA

meira pedra da Igreja, que tantas provas de amizade recebera do Mestre... tudo ele esqueceu, em um momento de fraqueza. Confiou demais em si mesmo; essa foi a sua desgraça.

Mas, apesar de tudo, havia ainda um fio de esperança: que o Mestre tivesse pena dele. Muitas vezes Pedro havia experimentado a bondade do seu melhor amigo; mas ainda não sabia quanto era grande a sua misericórdia. Humilhado como estava, envergonhado de si mesmo, sentiu que, naquele momento, mais do que de uma amizade, ele precisava de uma imensa compaixão. E esta não lhe faltou.

Dentro do palácio, o Mestre já havia sido julgado. Mal acabara de pronunciar a sua última negação, Pedro viu abrir-se a porta. Entre bofetadas e insultos, surgiu o Mestre preso e amarrado. Que situação para o apóstolo covarde! Esconder-se? Fugir? Não houve tempo. O Mestre passou perto e ainda o fixou. Um olhar de tristeza e compaixão. Foi a despedida.

Embora mudo e silencioso, aquele olhar calou fundo no coração de Pedro, repetindo-lhe aquela advertência: "Esta noite, antes de o galo cantar..." Foi quando o infeliz percebeu em que abismo havia caído. Ninguém com ele, ninguém por ele... que fazer? Chorando amargamente (Lc 22,62) levantou-se e saiu, enveredando pela escuridão. Para onde? Não sabia. Que fazer? Apenas chorar, e continuar chorando a própria desgraça.

Mais do que na escuridão daquela noite horrível, Pedro sentia-se envolto na vergonha de si mesmo. Arrasado, certamente pensou em seus colegas. Onde estariam? Chorando sempre, queria desabafar com alguém que o pudesse compreender e animar. Bem possível que, logo de manhã, tenha procurado a Mãe do seu Mestre; ela estava em Jerusalém, e ninguém melhor do que ela para o ouvir e consolar naquela situação.

E um fio de esperança começou a aparecer. Pedro tinha certeza de que, com suas negações, jamais pensou em abandonar o seu Mestre e romper aquela amizade que tanto o prendia. Envergonhado, sim, ele estava do seu medo e covardia; mas continuava crendo no seu Mestre e, de modo algum, iria separar-se dele. Suas negações haviam sido uma série de mentiras proferidas por sua fraqueza, sem qualquer desejo de apostolar daquele que, um dia, reconhecera como o Filho de Deus vivo.

Foi pensando assim que Pedro viu brilhar, na sua escuridão, uma réstia de luz. Apesar de tudo,

1 • O DISCÍPULO QUE APRENDIA

o Mestre sabia da sua sinceridade e certamente o iria perdoar. Mas... quando? Se o seu amigo já estava preso e condenado à morte... Mal sabia o apóstolo que, daquela morte, iria brotar a Ressurreição – para o seu Mestre e para ele também.

Reflexão

Deus conhece-nos melhor do que nós mesmos. Como já dizia o salmista: "Ele sabe de que barro nos fez" (Sl 102,14). Mas que, ao lado de todas as nossas culpas, possa ele ver também a nossa boa vontade. Esta deverá manifestar-se através de um arrependimento sincero de todos os nossos erros e no firme desejo de não rompermos a nossa amizade com o Pai. Foi essa boa vontade que salvou o apóstolo naquela noite das negações. Como ele precisamos, sim, chorar; mas, como ele, temos de saber também confiar.

REABILITADO

Festa da Páscoa dos judeus em Jerusalém. Peregrinos de toda parte lotavam as ruas e praças, num ambiente festivo de alegria. Mesmo assim alguns ainda comentavam os acontecimentos da véspera, com a prisão e morte na cruz daquele famoso Profeta de Nazaré. Para alguns ele era um enviado de Deus; para outros, um revolucionário e blasfemo. As opiniões se dividiam, sempre, porém, contidas pelo medo às autoridades.

Àquelas horas Pedro estaria em algum canto, escondido, e amargando o triste papel que fizera na véspera. Aquelas negações, o seu medo, a sua covardia não lhe saíam da cabeça. Mas não desesperou. Sua confiança dizia-lhe que ainda seria perdoado. Foi assim que passou aquele sábado e a noite seguinte.

Afinal... a Ressurreição! No domingo, logo de manhã, cedinho, Maria de Mágdala e outras colegas que também acompanhavam o Mestre (e que não fugiram, como os discípulos) foram ao sepulcro embalsamar o cadáver sepultado na véspera. Encontraram o sepulcro vazio. Voltaram correndo à cidade, quando, no caminho, o Mestre apareceu-lhes, dizendo: "Não tenham medo! Avisem aos meus irmãos que vão para a Galileia; lá eles me verão também". Avisados, os apóstolos acharam que aquelas mulheres estavam sonhando. Mesmo assim, Pedro começou a respirar com

1 • O DISCÍPULO QUE APRENDIA

aquela notícia. Não perdeu tempo e, acompanhado de João, saiu correndo para ver o sepulcro. E os dois verificaram: de fato o túmulo estava em perfeita ordem, mas vazio. Logo os guardas começaram a dizer que, enquanto eles dormiam, os discípulos haviam roubado o cadáver. Maravilha! Viram, enquanto estavam dormindo... A notícia ganhou corpo quando, durante o dia, dois discípulos, vindos de Emaús, afirmaram ter visto o Mestre, com o qual puderam conversar no caminho.

Várias vezes, após a Ressurreição, o Mestre apareceu aos apóstolos. Da primeira vez houve pânico entre eles; mas, conversando com todos, ele logo deu-se a conhecer, falando-lhes como antes e mostrando-lhes o sinal das chagas. Foi aquela alegria para os Onze, que puderam rever o seu Mestre, esquecendo a prova pela qual passaram. Felizes e confortados, puderam sentir que não foram inúteis a fé e a confiança que nele haviam depositado.

Todos eles, no entanto, haviam fracassado ante a prisão e morte do Mestre, dominados pelo medo e covardia. Daí que Pedro e os demais tivessem ainda certo receio diante do Ressuscitado. Temiam que ele os censurasse, lembrando-lhes o triste papel que desempenharam, justamente na hora em que mais precisou dos seus amigos. O Mestre, porém, não lhes disse sequer uma palavra que revelasse mágoa ou tristeza por tudo que acontecera. Procurou apenas animar a todos, prometendo-lhes a sua presença e assistência nas futuras lutas do apostolado: "Eu estarei com vocês até ao final dos séculos" (Mt 28,20).

"Certo dia, foi às margens do lago de Genesaré. Conversando tranquilamente, os discípulos comentavam os acontecimentos da Ressurreição. 'Bem, disse Pedro, agora eu vou pescar.' 'Nós também', disseram os outros. E passaram toda a noite lançando as redes, sem qualquer resultado. O dia estava começando a clarear, quando viram alguém andando pela praia. Não se preocuparam; mas o homem gritou-lhes: 'Vocês aí têm alguma coisa para se comer?' 'Não', responderam. 'Atirem as redes à direita do barco', disse o desconhecido. Eles assim o fizeram, e as redes se encheram de peixes.

Estavam todos ocupados em colocar os peixes no barco, quando João disse a Pedro: 'É o Senhor!' Olharam todos para a praia. Sim, era ele. No mesmo instante Pedro atirou-se às águas, nadando em direção ao Mestre. Logo chegaram os demais, e viram um bra-

1 • O DISCÍPULO QUE APRENDIA

seiro já preparado. 'Tragam os peixes', disse o Mestre. E todos comeram na maior alegria, com aquele amigo que continuava o mesmo em sua amizade e delicadeza com todos.

Terminada a refeição, o Mestre dirigiu-se a Pedro. Com um olhar todo de bondade, perguntou-lhe: 'Pedro, você é meu amigo?' 'É claro!', disse o apóstolo. Novamente a mesma pergunta, já em um tom de desconfiança: 'Pedro, você é mesmo meu amigo?' 'Que dúvida, Senhor?' foi a resposta. E a estas alturas, desconfiado como era, Pedro deve ter pensado: 'Será que ele agora vai acertar as contas comigo?' Olhando-o com mais firmeza, o Mestre voltou a perguntar: 'Pedro, você me quer bem mesmo?' Pedro esboçou um ar de tristeza. Mas recobrando logo a confiança, respondeu: 'O Senhor conhece tudo; por isso, é o Senhor mesmo quem sabe que sou seu amigo'.

Sim, o Mestre conhecia tudo: a covardia, as negações do seu discípulo, mas a sua fidelidade também. E, diante de todos, quis reabilitá-lo, confirmando claramente o que já havia anunciado: 'Sobre esta pedra construirei a minha igreja'. Por isso, no momento em que Pedro oferecia-lhe aquela reparação das negações, todos ouviram o

Mestre dizer ao apóstolo: 'Cuida do meu rebanho, apascenta as minhas ovelhas'" (Jo 21,1-17).

Reflexão

A confiança de Pedro na misericórdia e compreensão do seu Mestre! Ferido em seu amor próprio, envergonhado de tudo o que havia acontecido, ele não se abateu, mas continuou confiando. Um dia o Mestre iria ter pena dele, reconhecendo a sua fidelidade e dedicação. Posto à prova, diante dos colegas, a sua sinceridade não falhou: "O Senhor sabe de tudo; por isso também sabe que eu sou realmente seu amigo".

Que exemplo para nós! Temos, sim, nossos erros e fraquezas. Uma miséria tão grande que só Deus a conhece. Mas que não cheguemos, depois de todos os erros, ao pior e mais triste dos erros, que seria desesperar. Quando nos virmos na situação de Pedro, basta que olhemos para o Pai, dizendo-lhe com a mesma confiança: "Apesar de tudo, o Senhor sabe que eu o amo!" E a infinita misericórdia, que nos conhece e nos ama, fará cair sobre nós o seu perdão. Estaremos então ressuscitando para o seu amor.

II
O APÓSTOLO QUE ENSINAVA

A PEDRA

Após a Ascensão do Mestre, começou para Pedro uma nova etapa de sua vida. Foi quando passou a ser, de fato, aquela primeira pedra, sobre a qual iria ser construída neste mundo a Igreja de Cristo. Reconhecido pelos colegas como o apóstolo chefe, era ele quem tomava as iniciativas e tudo resolvia. Não demorou e a sua autoridade logo se fez notar. É o que vemos já no primeiro capítulo dos Atos dos Apóstolos (12,26).

"Tendo o Mestre deixado este mundo, os apóstolos, mais algumas dezenas de discípulos, começaram a reunir-se em Jerusalém, mais ou menos em sigilo, por medo dos judeus. Foi em uma dessas reuniões, na presença de umas cento e vinte pessoas, que Pedro assumiu o comando e direção da Igreja nascente. Doze apóstolos haviam sido escolhidos pelo Mestre; mas um deles, o traidor, havia fracassado. Com sua autoridade, Pedro tomou a palavra e expôs aos presentes a questão a ser resolvida. 'Irmãos, disse ele, todos sabem que um dos nossos, chamado a participar do nosso apostolado, acabou desertando para a iniquidade.' E, referindo-se a ele, o salmista já anunciou que outro ocupe o seu lugar (Sl 68,26). Necessário, portanto, que, dentre os homens que sempre nos acompanharam, seja escolhido um para, conosco, dar testemunho da Ressurreição do Senhor. Dois nomes foram então lembrados: José, chamado o Justo, e Matias. Todos se puseram em oração, antes de ser feita a escolha: 'Tu, Senhor, que conheces os corações, mostra-nos agora qual dos dois é o teu escolhido para ocupar o lugar de Judas'. Lançada a sorte entre os dois, o indicado foi Matias, o qual foi logo acrescentado aos Onze".

Quando ainda em companhia dos apóstolos, o Mestre várias vezes falou-lhes do Espírito Santo que deveriam receber, antes de iniciarem o seu apostolado. "Quando vier aquele Espírito da verdade, ele vos ensinará toda a verdade" (Jo 16,13). E momentos antes da Ascensão, ele ainda avisou aos Onze: "Permaneçam na cidade (Jerusalém) até que sejam revestidos com a força do Alto" (Lc 24,49). Foi o que eles fizeram. Em permanente oração e confiando plenamente na palavra do Mestre, aguardaram o momento da manifestação do Paráclito. E esta não tardou (At 2).

Em companhia da Mãe de Jesus, estavam os apóstolos em oração, quando, de repente, um vento forte e ruidoso invadiu todo o recinto, qual uma tempestade. No mesmo instante pousou, sobre a cabeça de cada apóstolo, uma chama luminosa, enquanto uma multidão de judeus e estrangeiros acorria ao local, querendo saber o que estava acontecendo. Os apóstolos, transformados pelo Espírito Santo, bendiziam a Deus e explicavam a todos o que estava ocorrendo. Curiosa e assustada, a multidão os ouvia; e todos, judeus ou estrangeiros, puderam entender, na própria língua, o que os apóstolos falavam.

Alguns incrédulos, porém, preferiram caçoar dos apóstolos, dizendo que eles estavam bêbados e sonhando. Foi quando Pedro resolveu falar. E falou alto, com toda coragem: "Irmãos da Judeia e de todas as nações, ouvi-me! Estes homens, meus colegas, não estão bêbados, como disseram alguns; eles nada tomaram, pois, são apenas nove horas da manhã" (nos dias festivos os judeus somente comiam e bebiam do meio-dia em diante). E, desfeita a objeção dos incrédulos, passou o apóstolo a explicar o acontecido. Longo, e até florido, foi o seu discurso, marcando a estreia daquele humilde pescador como mestre supremo da Igreja.

Realmente, após ter recebido o Espírito Santo, Pedro já era outro. Antes medroso e covarde nas situações difíceis, agora é o apóstolo que enfrenta corajosamente os judeus e os pagãos, provando-lhes a divindade do Cristo. Condena abertamente, e com veemência, a hipocrisia dos fariseus, que pensavam eliminar com a morte aquele que é o Senhor da vida. O pescador rude e ignorante, que tudo precisava perguntar, agora penetra as profundezas das Escrituras e expõe ao povo o plano traçado por Deus para a salvação do mundo. Antes, impaciente e impetuoso, agora, o apóstolo caridoso e compreensivo, que vai impressionando todos com o seu zelo e dedicação.

Foi assim, transformado pelo Espírito, que Pedro falou à multidão, naquela manhã de Pentecostes. Diante do que havia acontecido, muitos perguntavam: "O que é isto?" E o apóstolo começou, explicando: "É a presença de Deus, invadindo os corações com o seu Espírito de sabedoria e de amor, conforme predissera Joel, no Antigo Testamento". E passa logo a uma corajosa acusação contra os judeus: "A Jesus de Nazaré vocês o crucificaram e mataram; mas Deus o ressuscitou". E, com profunda sabedoria, vai o apóstolo apresentando várias passagens messiânicas do Antigo Testamento, explicando-as com admirável clareza aos ouvintes maravilhados. E, em tom triunfal, afirma que Jesus voltou para a eternidade, está à direita do Pai, e acaba de derramar sobre os discípulos o seu Espírito divino. Esse é o prodígio que deslumbra a todos, a única embriaguez que os domina.

E, percebendo a emoção com que era ouvido, Pedro foi direto ao ponto que mais lhe interessava: "Irmãos, que todos se convençam disto: Deus constituiu como Senhor e Cristo a este Jesus que vocês crucificaram!" Compenetrados, muitos logo perguntaram: "E que devemos fazer então?" "Que todos se arrependam, foi a resposta, e sejam todos batizados em nome de Jesus, para que recebam o Espírito Santo." Naquele dia converteram-se umas três mil pessoas (At 2,41).

Reflexão

Viver o nosso Batismo – essa é a conversão que devemos realizar e viver durante toda a nossa vida. É São Paulo quem nos diz: "Pelo Batismo fomos sepultados com Cristo, para a morte" (Rm 6,4). Em outras palavras: sepultando a nossa vida na vida de Cristo, o Batismo deve levar-nos a essa morte a tudo o que não é de Deus: o nosso orgulho, o nosso egoísmo e o apego ao mundo. Que fomos batizados, isso a certidão no-lo garante. Mas estamos vivendo realmente em Cristo e com Cristo? É o que nossa consciência deverá responder.

MILAGRES

Um dia Pedro esteve para morrer afogado no lago de Genesaré. Num momento de perigo falhou a sua fé na palavra do Mestre. Mas este o salvou e disse-lhe, em tom de censura: "Por que duvidou, homem sem fé?" Naquela ocasião, Pedro ainda era discípulo e estava aprendendo. Agora, porém, ele já é outro. Lembra-se bem de que, um dia, o Mestre garantiu aos

Doze: "Aquele que tiver fé, poderá realizar as mesmas maravilhas que eu realizo" (Jo 14,12).

Foi em Jerusalém, por volta do meio-dia (At 3,1-11). "Pedro e João iam entrando no Templo, quando viram junto à porta um mendigo paralítico, pedindo esmolas. Este, maquinalmente estendeu a mão aos dois, à espera de algum auxílio. Pedro, comovido, disse ao pobre homem: 'Olhe bem para nós'. O mendigo olhou-os, com ares de esperança. 'Não tenho ouro nem prata, disse-lhe Pedro, mas o que eu tenho, isso eu lhe dou: Em nome de Jesus Nazareno, levante-se e ande!' O paralítico, que estava sentado no chão, levantou-se; experimentou as pernas e... estava realmente curado. Agradecido, entrou com os dois no Templo e, juntos, deram graças a Deus."

Um milagre como esse tinha de atrair a admiração de todos. Logo muita gente foi aglomerando-se à porta do Templo, para ver aquele paralítico que muitos conheciam, completamente curado. Pedro não perdeu a ocasião; agora, pescador de homens, lançou a rede e falou com desassombro aos presentes, quase todos judeus. Começou perguntando: "Irmãos israelitas: Por que vocês estão assim admirados, olhando para nós, como se, por nosso próprio poder, tivéssemos feito andar a este homem?" E discorreu longamente sobre a divindade do Nazareno, provando, com passagens da Escritura, que ele era realmente o Filho de Deus. Por isso a cura daquele paralítico não fora realizada por ele, mas pelo poder daquele que havia sido crucificado e ressuscitou dos mortos. Disso os apóstolos eram testemunhas.

Resultado da pregação: os dois apóstolos foram presos; mas nem por isso se abalaram. Com toda coragem, Pedro enfrentou as autoridades que os interrogaram, acusando os judeus pela morte do Nazareno que ressuscitou, e continua operando milagres através de seus apóstolos. As autoridades, vendo a franqueza de Pedro e João, e sabendo que eram pessoas incultas, ficaram admiradas, ainda mais porque estava com eles o homem que fora curado: por isso, não souberam como replicar (At 4,12-15).

Diante desse novo Pedro, iluminado e dirigido pelo Espírito Santo, muitos que o haviam conhecido antes poderiam ter pensado: "Quem te viu e quem te vê!" Sim, antes era ele o discípulo que tudo precisava perguntar para aprender; agora é o apóstolo que penetra o sentido das Escrituras, que, para cada situação, tem na ponta da língua textos e passagens bíblicas que confundem os seus adversários; agora ele aprofunda as citações, expõe a doutrina, prova e tira as consequências de acordo com a Verdade eterna. Antes, o impetuoso e o inconstante, o valente e o covarde; agora ele opera milagres, fala ao povo simples e discute com os poderosos, pedra assentada na firmeza da sua fé inabalável. Sabe que está marcado pelo ódio dos judeus, como já o estivera seu Mestre. Mas agora ele não é mais simplesmente Pedro; é a pedra fundamental daquela Igreja contra a qual não poderão prevalecer as forças do Mal (Mt 16,18).

Eneias era um dos membros da pequena comunidade de Lida. Durante oito anos a paralisia retinha-o em seu leito, sem qualquer esperança de melhora. Passando pela cidade, Pedro foi visitá-lo. Havia aprendido com o seu Mestre a compadecer-se dos que sofrem. Diante do enfermo, o apóstolo se comoveu e disse ao pobre doente: "Eneias, o Senhor Jesus o irá curar. Levante-se e arrume a sua cama". No mesmo instante o paralítico pôs-se de pé, todo feliz, sentindo-se completamente curado (At 9,32-35).

Em Jope havia uma senhora, cristã recém-convertida, de nome Tabita. Bastante rica, era conhecida em toda a cidade por sua caridade que não conhecia limites. Em toda parte estava ela, visitando os pobres e os doentes, socorrendo todos com as suas esmolas. Justamente nesses dias em que Pedro estava em Lida, Tabita faleceu. Antes de sepultá-la, os parentes mandaram mensageiros à procura do apóstolo, com este recado: "Venha logo, precisamos do Senhor". Pedro não demorou. Chegando à casa da falecida, compadeceu-se dos pobres que ali estavam rezando e chorando a morte da sua benfeitora. Ajoelhou-se logo diante do cadáver e rezou por alguns instantes. Pôs-se de pé e, olhando para o cadáver, disse: "Tabita, levante-se!" Ela abriu os olhos, reconheceu o apóstolo e sentou-se. Pedro a tomou pela mão e devolveu-a aos presentes que a receberam entre lágrimas de alegria, bendizendo a Deus (At 9,31-42).

Distribuindo milagres em todas as cidades que visitava, era natural que, em toda parte, Pedro fosse conhecido como um taumaturgo, tanto por seu poder, como também por sua caridade em atender a todos que o procuravam. E eram tantos! O apóstolo não conseguia atender a cada doente em particular. Por isso, diz São Lucas, os enfermos eram trazidos em seus leitos para as ruas. Pedro passava apenas entre eles e somente a sua sombra curava todos (At 5,14).

Reflexão

A humildade do apóstolo. É o que nós também admiramos nos milagres por ele realizados. Em todas as ocasiões a mesma preocupação de atribuir os milagres não a si mesmo, ao seu poder, mas ao poder de Deus que, através do seu Filho Jesus, tudo fez por nós. É por isso que a Igreja lembra-nos sempre à hora do Santo Sacrifício: por Cristo, com Cristo e em Cristo. Sim, somente por ele, com ele e nele é que poderemos chegar à presença do Pai, para que a sua misericórdia infinita chegue até nós.

ELE NÃO SE DOBRAVA

Pedro conhecia muito bem a raça de inimigos que tinha pela frente: os mesmos fariseus e mestres da Lei que haviam crucificado o seu Mestre. Mas nem por isso iria dobrar-se diante deles. Aquele discípulo medroso e covarde das negações estava agora transformado no apóstolo cheio de coragem, pronto a dar até a sua vida no desempenho de sua missão. Lembrava-se do que o Mestre já havia anunciado aos Doze: "Vocês terão de sofrer muito por causa do meu nome" (Mt 10,22). Mas dissera também: "Não tenham medo; eu venci o mundo" (Jo 16,33).

Era natural que, com os milagres e pregações dos apóstolos, fosse aumentando sempre mais o número de seguidores daquele Nazareno odiado pelos judeus. O Mestre havia sido crucificado, mas a sua morte havia terminado no triunfo da Ressurreição. E os seus discípulos ali estavam, em Jerusalém e arredores, pregando e realizando prodígios que ninguém podia contestar. Apesar da sua morte, o Nazareno continuava vivo em seus seguidores. Alguma providência tinha de ser tomada, pensavam as autoridades. Encheram-se de zelo (At 5,17-42) e mandaram prender os apóstolos. Mas à noite, na prisão, viram um anjo abrindo-lhes as portas e mandando que fossem pregar no Templo.

Os apóstolos fugiram e logo de manhã já estavam no Templo, narrando aos convertidos o que acontecera. Foi quando os guardas dirigiram-se à prisão, a fim de levarem os presos à pre-

2 • O APÓSTOLO QUE ENSINAVA

sença das autoridades. E ficaram sabendo que os apóstolos já estavam pregando no Templo. Novamente os prenderam, levando-os à presença do sumo sacerdote. Este logo os acusou, dizendo: "Com toda a severidade nós já proibimos que vocês continuassem ensinando em nome daquele indivíduo. No entanto, vocês continuam enchendo Jerusalém com a sua doutrina e culpando-nos por sua morte". Pedro respondeu logo: "Temos de obedecer mais a Deus do que aos homens. Aquele Jesus que vocês crucificaram, Deus o ressuscitou e o constituiu Salvador, para que o povo israelita faça penitência e alcance o perdão. Disso nós todos somos testemunhas".

Enfurecidos, os juízes conversaram entre si e decidiram condená-los à morte. Foi quando se fez ouvir a voz de Gamaliel, doutor da Lei: "Senhores, pensem bem o que vão fazer com esses homens. Não se preocupem. Se esse movimento for coisa somente deles, tudo acabará por si mesmo. Se for, porém, obra de Deus, os senhores não o irão destruir nunca". Ante a sabedoria destas palavras, as autoridades resolveram apenas renovar a proibição: que os apóstolos não voltassem a falar no nome do Nazareno. E os discípulos retiraram-se, felizes e alegres, por terem sido dignos de sofrer injúrias pelo nome de Jesus (At 12,3-19). A calmaria, porém, durou pouco.

Os apóstolos continuaram pregando por toda parte e novos adeptos aderiram à doutrina do Ressuscitado. Diante dessa situação, o próprio rei Herodes resolveu agir, e com medidas que, segundo ele pensava, acabariam de uma vez com aquela ameaça ao seu poder. Para agradar aos judeus, logo mandou prender e decapitar o apóstolo Tiago. E, dando largas à sua fúria, quis fazer o mesmo com Pedro, que ele sabia ser o chefe dos Doze. Seus guardas saíram à procura do apóstolo e o levaram para a prisão. Dezesseis guardas foram encarregados de vigiá-lo, para que não fugisse.

A notícia logo se espalhou entre os cristãos, que, não dispondo de outras armas, recorreram à oração. No Templo, ou em suas casas, todos se uniram, pedindo a Deus pela liberdade do apóstolo. Essa era a única esperança. E Deus não tardou em ouvir aquela pobre gente, ovelhas ameaçadas de perder o seu pastor.

Herodes projetava repetir, com Pedro, o que Pilatos já havia feito com o Nazareno: apresentá-lo com grande aparato à multidão, como um criminoso e subversivo, para que todo o povo pedisse a sua morte. O dia dessa farsa já estava marcado. Mas na véspera, à noite, Deus mostrou que o seu poder está cima de todos os poderes.

Algemado, Pedro estava dormindo, enquanto os guardas o vigiavam. De repente o prisioneiro sentiu que alguém o tocava, dizendo: "Levante-se, Pedro!" As algemas se soltaram. E a mesma voz acrescentou: "Calce as sandálias". Como um sonâmbulo, sem saber o que estava acontecendo, Pedro obedeceu. Logo uma nova ordem: "Tome a sua capa e venha comigo". Os soldados nem se moveram. Pedro deu os primeiros passos e foi saindo de mansinho. Chegando à porta da prisão, esta se abriu. Sempre ao lado de uma luz que o guiava, caminhou até ao fim de uma rua. A luz desapareceu. Foi quando Pedro, ainda esfregando os olhos, notou que estava salvo. "Agora sim, disse ele, estou reconhecendo que o Senhor enviou-me o seu Anjo, para livrar-me das mãos de Herodes e da fúria dos judeus."

Todo feliz, Pedro correu logo para a casa de um amigo, de nome Marcos. Bateu levemente à porta. Veio atender uma moça de nome Rodê. "Quem é?", perguntou. "Sou eu", respondeu Pedro. A moça reconheceu a voz. Mas em sua alegria nem abriu a porta; correu para dentro gritando: "É ele, Pedro!" Ninguém quis acreditar; mas Rodê insistiu, enquanto o apóstolo continuava batendo à porta. Foram ver quem era. Alegria e espanto; realmente era ele. Mas Pedro pediu silêncio e narrou como havia sido salvo, enquanto toda a família, alegre e feliz, dava graças a Deus.

Reflexão

"Não tenham medo! Eu venci o mundo", foi o que disse o Mestre aos apóstolos. Confiando nessa palavra, os primeiros discípulos puderam enfrentar o mundo pagão daquele tempo. Souberam sofrer; e sofrendo foi que eles alcançaram a glória do martírio. Nós também vivemos em um mundo praticamente pagão. E não podemos esquecer que a glória eterna somente nos será dada como recompensa dos nossos trabalhos e sofrimentos, aceitos por amor a Deus e a nossos semelhantes. Esse amor exige esforço e dedicação da nossa parte. É esse o martírio que Deus exige de nós.

2 • O APÓSTOLO QUE ENSINAVA

INTRANSIGENTE E COMPREENSIVO

Os dons extraordinários de Deus, o termo já o está dizendo, são dádivas, graças extraordinárias do seu amor e misericórdia. Ninguém os alcança desta ou daquela maneira, pois Deus os concede a quem ele quiser. Mas entre os primeiros cristãos, um judeu recém-convertido, achou que, se ele também conseguisse esses dons, poderia fazer um alto negócio (At 8,5-25).

Enquanto Pedro e João permaneciam em Jerusalém, Felipe, o apóstolo, começou a evangelizar na região de Samaria. Por toda parte, numerosas foram as conversões, devido à sua palavra e aos milagres que realizava. Vivia então por ali um tal de Simão, conhecido como o Mago. Com as suas artimanhas e os seus truques, conseguiu atrair muitas pessoas que o tinham como um enviado de Deus, possuidor de um poder sobrenatural. Por curiosidade, ou por interesse, não o sabemos, o Mago ouviu, várias vezes, as pregações de Felipe e assistiu a diversos dos seus milagres. Vivamente impressionado, converteu-se e chegou a ser batizado.

Os apóstolos que estavam em Jerusalém logo souberam do movimento de conversões que aumentava sempre mais na região samaritana. Resolveram, por isso, que Pedro e João fossem para lá. E como os convertidos haviam sido apenas batizados, os dois apóstolos passaram a impor-lhes as mãos, para que fossem confirmados na fé, recebendo o Espírito Santo. Os prodígios multiplicaram-se, com os cristãos falando línguas diferentes e realizando curas extraordinárias.

Simão, o Mago, ficou encantado com essa imposição das mãos que dava, aos que a recebiam, poderes tão maravilhosos. E achou que, na base do dinheiro, poderia conseguir também o mesmo poder dos apóstolos. Apresentou-se logo a Pedro e João, oferecendo-lhes uma boa importância em troca do poder de impor as mãos. "Deem-me esse poder, disse ele, para que, pela imposição das minhas mãos, qualquer um receba o Espírito Santo." A resposta de Pedro foi de uma firmeza única, que chegou a amedrontar o tal de Mago: "Que o seu dinheiro seja para a sua perdição, porque você acha que um dom de Deus pode ser simplesmente comprado com dinheiro. Você não entende nem irá entender deste assunto, pois o seu coração não está sendo sincero diante de Deus. Arrependa-se da sua má intenção e peça a Deus que o perdoe, pois eu o vejo mergulhado na iniquidade". Diante de um sermão desses, o Mago, apavorado, respondeu: "Que os dois peçam a Deus por mim, para que nada me aconteça de mal". Arrependimento? Superstição? Não o sabemos. O certo é que, sempre manso e bondoso, naquela ocasião, Pedro soube ser intransigente também.

A compreensão e a humildade do apóstolo aparecem claramente na visita que fez ao centurião Cornélio (At 10,9-48) e, ainda mais, diante da quase reprimenda que lhe quiseram impor alguns judeus convertidos (At 11,1-17). É que, para os judeus, o novo reino havia de ser somente deles. Israel havia sido sempre o povo escolhido e privilegiado; quem não fosse israelita era estrangeiro, pagão e até imundo. Ora, os apóstolos viviam ensinando a universalidade do reino de Deus, para o qual todos os povos são chamados, sem qualquer distinção. Daí a aversão dos judeus à doutrina do Nazareno e de seus seguidores.

Cornélio, o centurião romano que vivia na Cesareia, tivera uma visão. E queria conversar com Pedro sobre o assunto, pois era a sua intenção ser batizado com toda a sua família.

VIDA DE SÃO PEDRO APÓSTOLO

Mas como fazê-lo, sendo ele um estrangeiro, desprezado pelos judeus? Pedro estava em Jope e lá recebeu três emissários de Cornélio, que pedia a presença de Pedro em sua casa. O apóstolo atendeu prontamente e dirigiu-se para Cesareia. Os dois conversaram longamente e tudo ficou esclarecido. O centurião e os seus familiares foram batizados, tendo recebido o Espírito Santo pela imposição das mãos de Pedro.

Em tudo isso o apóstolo não viu nenhum erro ou crime que precisasse esconder. No entanto já o esperava uma boa reprimenda, quando voltasse à sua comunidade. A notícia da visita chegou logo ao conhecimento daqueles primeiros cristãos, quase todos, judeus convertidos. Já se ouviam as mais severas censuras ao procedimento do apóstolo. Achavam que ele se havia manchado, fazendo aquela visita a um estrangeiro nojento, ou que fora imprudente, e estava avacalhando o reino de Deus.

Pedro chegou. E, pensando dar a todos uma notícia realmente consoladora, quis narrar a sua ida a Cesareia. Mas nem começou a falar. À queima-roupa, recebeu logo a interpelação: "Como é que o Senhor foi hospedar-se e até tomar refeições na casa de um estrangeiro imundo?" Pedro também havia sido judeu. Por isso compreendia as suas ovelhas, alarmadas com o seu mau exemplo... Não se irritou nem se colocou nas alturas da sua dignidade de chefe e pastor. Poderia ter dito: "Não devo satisfações a ninguém". Mas com toda a humildade e compreensão, passou a narrar, explicando tudo o que havia acontecido. Bondoso do princípio ao fim, ele terminou perguntando: "Se Deus deu aos estrangeiros a mesma graça que nós recebemos, ou seja, a fé em Cristo, quem era eu para opor-me aos planos de Deus?..."

Tal qual uma criança, dizendo: "Não fui eu que fiz... me mandaram..."

Reflexão

Se fomos chamados ao conhecimento da Verdade, se, pelo Batismo, nos tornamos membros da Igreja, graças a Deus. E se outros também foram chamados, se estão vivendo a sua vocação batismal, bendito seja Deus!

Nada de orgulho, de vaidade ou de ciúme da nossa parte. Nossa escolha foi uma graça; mas ela implica uma responsabilidade para nós. Quanto não temos a realizar, dentro de nossa vocação batismal, para a glória de Deus e salvação de nossos irmãos!

NAS CARTAS DE SÃO PAULO

Uma figura simples, humana e tão simpática, aprendendo sempre com o Mestre – esse era o Discípulo Pedro que os evangelistas nos mostraram. Depois o apóstolo, pregando o Evangelho e dirigindo aquela lgreja que ele viu nascer em suas mãos, e sob a sua responsabilidade – foi o que vimos nos Atos dos Apóstolos. Agora vejamos essa figura de Pedro na pena do seu colega São Paulo.

Entre os dois tipos, Pedro e Paulo, a diferença não era pequena. Se cada indivíduo é uma personalidade à parte, cada qual terá também os seus traços dominantes, as suas características próprias. Tanto em um como em outro apóstolo, o mesmo amor, a mesma dedicação à verdade que era o Cristo. Mas cada qual à sua maneira. Se Pedro era mais simples, humano, compreensivo e até condescendente, Paulo já era de um temperamento mais forte, para quem tudo tinha de ser claro, na exata medida; era bem um pão pão, queijo queijo, em nossa expressão popular.

Uma meia dúzia de vezes Pedro é lembrado nas cartas de Paulo. Na Primeira Carta aos coríntios há quatro alusões ao Príncipe dos apóstolos; e mais duas referências aparecem na Carta aos gálatas. Aos primeiros cristãos de Corinto (Primeira Carta), São Paulo escreve a respeito de um quase cisma que, naquela ocasião, já se esboçava na comunidade. Eu sigo a Paulo, eu a Apolo, eu a Pedro... era o que se ouvia entre os convertidos. São Paulo entrou firme no assunto, escrevendo: "Não se gloriem nos homens! Paulo, Apolo, Pedro, todos são de vocês; e vocês são todos de Cristo". São Paulo sabia muito bem que simpatia é uma questão de gosto, e gosto não se discute. Mas prevendo cismas e dissensões na comunidade, tratou de lembrar a todos que a fé não repousa neste ou naquele; se os pregadores da Verdade eram diversos, a Verdade era uma só: o Cristo.

Não se veja, portanto, nessas palavras de São Paulo, qualquer diminuição da autoridade e prestígio de Pedro. Apaixonado como era pela Verdade, Paulo não podia admitir confusão entre os fiéis de Corinto. E se Pedro tivesse lido a carta do seu colega, certamente a teria aprovado. Em sua humildade ele sabia muito bem que somente o Mestre "tem palavras de vida eterna".

Em duas outras passagens dessa primeira Carta aos coríntios, São Paulo reconhece claramente a proeminência de Pedro sobre os demais apóstolos. "Porventura, pergunta Paulo, nós também não podemos contar, em nossos trabalhos, com o auxílio de alguma senhora, nossa irmã na fé, assim como o fazem os outros apóstolos e até mesmo Pedro?" (1Cor 5). E no capítulo 15, versículo 25, falando da Ressurreição de Cristo, diz o apóstolo que Jesus foi sepultado, ressuscitou ao terceiro dia e "apareceu a Pedro e aos Onze". Vemos, nessa maneira de escrever, que São Paulo quis, mais uma vez, salientar a dignidade daquele que fora escolhido por Cristo como chefe da sua Igreja.

Na Carta aos gálatas, São Paulo faz duas referências a Pedro. Já no capítulo primeiro o apóstolo dos gentios fala da sua vocação para o apostolado. Antes, como descendente de judeus,

2 • O APÓSTOLO QUE ENSINAVA

Paulo era conhecido como um ferrenho defensor das leis e tradições judaicas. Era, por isso, um terrível perseguidor dos cristãos, aos quais vivia caçando, arrancando-os de suas casas para serem condenados. Mas o que ninguém poderia imaginar aconteceu. A força do Alto o dominou, e ele se converteu, tornando-se, ao lado de Pedro, a grande coluna da Igreja (At 10,1-20).

Para que ninguém duvidasse da sua missão apostólica, Paulo escreveu aos gálatas, dizendo que Deus o havia chamado para pregar o Evangelho a todos os povos. Não se aconselhara com ninguém, nem mesmo com os apóstolos. Somente após três anos de recolhimento e oração, dirigiu-se a Jerusalém, para conversar com Pedro durante quinze dias.

Nessas palavras do antigo perseguidor, aparece o seu respeito pelo primado de Pedro. Tendo de informar os apóstolos sobre a legitimidade do seu ministério, recebido não dos homens, mas diretamente de Cristo, o apóstolo dos gentios vai entender-se com Pedro, ao qual reconhece como chefe supremo da Igreja. Vê nele o seu superior, ao qual se apresenta, como que pedindo-lhe a bênção para iniciar o seu apostolado.

Mas esse respeito diante do seu superior não impedia que Paulo continuasse a ser o tipo enérgico em suas convicções, que não sabia fechar os olhos para o que não lhe parecia certo. Daí a rusga que teve com Pedro, pouco tempo depois. Diz ele na Carta aos gálatas: "E quando Pedro veio a Antioquia, eu o enfrentei, cara a cara, por ser digno de repreensão" (Gl 2,11-15). É como falam as almas limpas e sinceras: sem fofocas e diretamente. Paulo achou que Pedro estava condescendendo demais. Nenhum respeito humano o iria impedir de dizer o que pensava. E censurou a Pedro; por quê?

Quando à mesa, entre os gentios convertidos, Pedro não perguntava se este ou aquele prato era ou não permitido pela Lei mosaica; tomava de tudo, como todos faziam. Mas entre os cristãos convertidos do judaísmo, para não os escandalizar, tomava apenas o que lhes era permitido por suas tradições. Essa tática rimava muito bem com o seu tipo conciliador e condescendente. Mas Paulo não era homem para esse tipo de dissimulações. Daí a sua censura a Pedro.

Dois aspectos de duas personalidades distintas. São Paulo dizia: "Fazer-se tudo para todos, para ganhar a todos" (1Cor 9,22). E vivia esse lema de acordo com o seu temperamento mais enérgico e decidido. E Pedro, não fazia o mesmo? Sim, mas de acordo com a sua bondade e mansidão. Foi por isso que soube aceitar e compreender a opinião do seu colega. Com um sorriso de simplicidade, sem qualquer ressentimento, ele deve ter pensado: "Se faltei, aquele Pai que perdoa setenta vezes sete vezes já me terá perdoado..."

Reflexão

A compreensão de Pedro. Que ela nos ensine a ser mais irmãos dos nossos irmãos. O orgulho nunca atraiu ninguém, muito menos a Deus. Com mais compreensão poderemos servir melhor a todos, atraindo-os para o Pai.

CARTAS DE PEDRO

Quando foi chamado pelo Mestre, à beira do Genesaré, Pedro provavelmente não sabia ler nem escrever. Mas depois do Pentecostes, a situação mudou como da noite para o dia. Ele já não era mais aquele discípulo que não conseguia penetrar as verdades que o Mestre ensinava-lhe. Agora, transformado pelo Espírito Santo, o apóstolo discorre com toda a segurança sobre as Verdades reveladas, e sabe transmiti-las ao povo. Antes rude, tímido e desajeitado, agora é o pregador inflamado, que arrebata e convence os seus ouvintes. E é também o escritor que, através de suas cartas, procura chegar a todas as comunidades, no exercício da sua missão de pastor universal.

Embora conheçamos apenas duas de suas cartas, podemos facilmente admitir que Pedro tenha escrito diversas outras, que, infelizmente se perderam, e não chegaram até nós. O escritor é todo simplicidade e clareza, dirigindo-se, de modo particular, aos judeus convertidos, cuja mentalidade ele bem conhecia.

Na Primeira Carta, o apóstolo escreve sobre a vocação à vida cristã; destaca o tesouro da Fé, a firmeza da Esperança e a generosidade nas provações, a que serão submetidos os seguidores de Cristo. Em sua simplicidade, não chega a penetrar os assuntos com a agudeza de São Paulo; prefere ser mais prático, mais humano, irradiando sempre bondade e mansidão. Aqui uma verdade da Fé, ali uma norma de conduta, uma alusão às heresias com rasgos de profeta, tudo em um tom ameno de bondade e até de poesia.

Na Segunda Carta, vazada no mesmo estilo despretensioso e conciso, uma afirmação realmente consoladora: por sua presença em nós, Deus nos faz participantes da sua natureza divina (2Pd 1,4). Esta verdade a Igreja no-la reafirma na oração que o celebrante reza ao preparar a matéria do Santo Sacrifício. A que ponto Deus nos eleva e transforma!

No versículo 14, um pressentimento, talvez uma revelação: "Tenho certeza de que logo deixarei o meu corpo (pela morte) de acordo com que o Senhor me anunciou". Lembra-se depois da Transfiguração como de um argumento apologético: "Não os fizemos conhecer o poder e a vinda de Nosso Senhor mediante fábulas e fantasias, mas como testemunhas oculares da sua grandeza" (2Pd 1,16-18). E, ao falar dos apóstatas, desertores da fé, Pedro, em sua simplicidade, lembra aos seus leitores um provérbio bastante forte e não menos significativo (2Pd 2,21-22).

VIDA DE SÃO PEDRO APÓSTOLO

Finalmente, nessa Segunda Carta, ele se refere ao que São Paulo escreveu sobre os últimos tempos: "Nosso irmão Paulo escreveu-lhes de acordo com a sabedoria que lhe foi dada... há em suas cartas pontos de difícil compreensão, que os maldosos interpretam da mesma forma, como o fazem com outras passagens das Escrituras, e isto para a própria perdição" (2Pd 3,15-16).

E o apóstolo termina a sua Segunda Carta com a mesma clareza de sempre. Nelas não há pontos de "difícil compreensão"; pelo contrário, essas cartas refletem bem a transparência de sua alma simples, quase infantil, mas profundamente arraigada na fé, na esperança, e no amor.

NOTAS COMPLEMENTARES

PEDRO E NOSSA SENHORA

É pena que os evangelistas, muitas vezes, nada escrevam sobre certas curiosidades que desejaríamos conhecer. Assim sendo, precisamos recorrer a conjeturas, suposições, lendo somente nas entrelinhas.

Embora com uma família sob a sua responsabilidade, Pedro, pela grande amizade que dedicava ao Mestre, não perderia ocasião de acompanhá-lo, sempre que possível, em toda parte. Nessas idas e vindas de uma cidade para outra, não teria ele conhecido a Mãe de seu Mestre? Certamente. E que respeito, que admiração não teria ele dedicado àquela criatura tão santa, Mãe de seu Mestre, que ele reconhecia como Filho de Deus! E com que satisfação não iria ele narrar a Nossa Senhora os milagres que presenciava, o entusiasmo do povo e, até mesmo, a inveja dos fariseus diante da fama e do prestígio do Mestre!

Por isso admitimos como bastante provável que tenha Pedro procurado Nossa Senhora no dia seguinte às suas negações. Não podendo explicar-se com o Mestre, quem melhor do que sua Mãe para o animar e consolar naquela situação?

Após a Ascensão, os apóstolos tiveram de amargar uma dolorosa orfandade. O Mestre não estava mais com eles. Foi quando começaram a sentir mais de perto a presença da Mãe. E que Mãe! Nossa Senhora estava com eles. E com que carinho olhava para aqueles apóstolos que seu Filho escolhera! Era ela quem os reunia, rezando com eles, falando-lhes dos planos do Mestre a respeito da sua Igreja e animando-os para as futuras lutas do apostolado.

Mas entre os apóstolos havia um que era o chefe, a pedra que o Mestre havia colocado no alicerce da sua Igreja. Muito natural tivesse ele, na parte de Nossa Senhora, uma atenção toda especial. Dela o apóstolo certamente terá ouvido muito a respeito da missão que tinha pela frente, como supremo pastor do rebanho que o Mestre lhe confiara. Não era ela a Rainha dos apóstolos e a Mãe da Igreja?

NOTAS COMPLEMENTARES

OS PARENTES DE PEDRO

O primeiro parente de que temos notícia é André, seu irmão, também chamado pelo Mestre para o apostolado. De seus pais nada sabemos. Certo, no entanto, é que Pedro, quando o Mestre o chamou, já estava casado, pois Mateus fala-nos da cura milagrosa da sogra de Pedro, em 8,14-15. Mas dela não ficamos sabendo nem o nome. Da mulher de Pedro, nenhuma referência dos evangelistas. Um escritor, porém, do século III (Clemente Alexandrino) diz que ela, também cristã convertida, morreu martirizada – provavelmente na perseguição movida pelos judeus em Jerusalém (At 8,1).

IDADE DE PEDRO

Quando o Mestre o encontrou pescando no lago, Pedro já devia ser um homem maduro, entre os seus 30 e 40 anos. É que já estava casado; tinha a obrigação de pagar os impostos (Mt 17,26); era responsável por uma família que devia manter. E, se ignoramos a idade do apóstolo quando ele foi chamado, também não sabemos ao certo com que idade morreu. Pelo muito que trabalhou e pelas regiões que percorreu, formando e dirigindo novas comunidades, podemos admitir que, ao ser martirizado, Pedro já estaria, mais ou menos, com seus setenta anos. E como o representam as imagens e pinturas mais antigas.

PEDRO E OS ONZE

Eles formavam um grupo, unidos sempre por uma grande e respeitosa amizade. Sabiam que todos haviam sido igualmente chamados e escolhidos como apóstolos. Compreendiam que, entre eles, houvesse um chefe, reconhecido e respeitado por todos como o porta-voz do grupo. Havia até um tesoureiro, Judas (justamente ele), encarregado de guardar as esmolas que recebiam (Jo 12,6). Eram como irmãos, escolha feita pelo Mestre e pelo mesmo ideal de seguir aquele profeta que todos admiravam.

João e Mateus, evangelistas, ressaltam sempre a proeminência e dignidade de Pedro sobre os demais. Com ele todos concordam no que devem falar, como no que devem fazer. Somente um, Judas, devia destoar do grupo. Sem qualquer juízo temerário, podemos admitir que o traidor tivesse lá a sua dose de inveja com relação a Pedro, vendo as atenções que o Mestre dispensava-lhe como chefe dos demais.

O PORTEIRO DO CÉU

De onde esse título dado a Pedro?

Sabemos que o céu não é um lugar, uma casa, ou mesmo um palácio, que deva ser aberto ou fechado com uma chave misteriosa. É, sim, um estado, um tipo de vida, eterna e definitiva, em tudo diferente desta nossa vida terrena. Esse título dado ao apóstolo tem o seu motivo e origem naquela promessa do Mestre, dizendo a Pedro: "Eu lhe darei as chaves do reino dos céus" (Mt 16,19). Uma figura ou imagem para afirmar que, no governo da Igreja, Pedro teria um poder único e supremo para ensinar e dirigir. Daí que, desde os primeiros tempos, seja ele representado com as chaves em sua mão.

A MORTE DE PEDRO

Em sua Carta aos filipenses, São Paulo escreveu: "Quero morrer, para viver com o Cristo" (Fl 1,23). Pedro não falou nem escreveu assim; mas deve ter sentido o mesmo desejo de morrer, para viver definitivamente com o seu Mestre, já ressuscitado. Idoso, quase sem forças, ele sabia estar próximo o seu fim, conforme declarou em sua Segunda Carta (2Pd 1,14). E tinha a certeza de que essa morte não seria tranquila, mas violenta, de acordo com o que ouvira do Mestre: "Quando você era moço, você mesmo se cingia e passeava livremente; mas quando chegar a velhice, outros o irão cingir e o levarão para onde você não quer" (Jo 21,18).

Já em Roma, como supremo pastor da lgreja nascente, Pedro podia muito bem prever que o seu fim seria o martírio. Por toda parte os cristãos estavam sendo presos e martirizados; e ele não poderia esperar por outra morte. Guardara muito bem o que o Mestre lhe dissera após a Ressurreição e não iria fugir diante do sacrifício que o esperava. Infelizmente, não sabemos ao certo nem o dia nem o ano em que ele morreu. A Tradição, porém, nos diz que ele foi preso durante o reinado de Nero, o perseguidor que se deliciava assistindo ao martírio dos cristãos. Pedro foi condenado a morrer numa cruz. À hora da crucifixão, ele ainda pediu aos algozes que o crucificassem de cabeça para baixo, por não se julgar digno de morrer na mesma posição em que morrera o seu Mestre. Foi atendido, e assim ele morreu.

Um pobre pescador da Galileia. Escolhido pelo Mestre, tornou-se o discípulo que aprendia; depois, o apóstolo que ensinava, o Supremo Pastor que dirigia e, finalmente, o Mártir, que, com sua morte, soube afirmar a grandeza da sua fé. Misteriosos desígnios de Deus.

CARTA (ORAÇÃO)

Pedro, meu amigo caríssimo!

Como não sei escrever muito, por escrever muito mal, aqui vai apenas uma cartinha. Simples, sem cerimônia, é uma prova da amizade sincera deste seu velho amigo e admirador.

Sua Santidade sabe, não é de hoje que nos conhecemos. Desde criança que eu me acostumei a vê-lo com aquela barba veneranda que me impunha respeito, mas também com as chaves na mão, para me inspirar confiança.

Estive, nestes dias, lendo algo a seu respeito; e refleti bastante sobre os exemplos que a sua vida me deixou. Cheguei a duas conclusões:

1. Li, há muitos anos, que a nossa Igreja é a menina dos seus olhos. Pois bem, continue zelando por ela. Melhor do que eu, Sua Santidade sabe por quê.

2. Convenci-me de que, neste mundo, os santos e os pecadores são mais ou menos iguais. Todos igualmente humanos, cada qual vive, a duras penas, carregando o seu fardo de misérias, falhas e defeitos sem conta. Não concorda comigo? Então veja bem: naquela noite das suas negações, suas lágrimas mostraram-lhe que a sua fraqueza era muito mais forte do que toda a sua coragem; não foi assim? (Ah! eu não queria tocar neste assunto; desculpe, mas já foi...)

Agora venho bater à sua porta. E Sua Santidade sabe como é desagradável ficarmos batendo a uma porta e ficarmos esperando... Não foi isso o que aconteceu naquele dia em que Sua Santidade foi bater à porta do seu amigo Marcos?

Um pedido, apenas: que o seu exemplo me ajude, e ajude muito, para eu viver aquela sua fé inabalável, a sua esperança firme e aquele seu amor apaixonado que, em tudo, buscava o Pai, sempre passando por seus irmãos. Assim vivendo, tenho uma quase certeza de que, um dia, ao fechar os meus olhos neste mundo, já irei ver, a meu lado, levando-me para junto do Pai, o meu querido e inesquecível amigo São Pedro.

Até por lá, quando o Pai me chamar.

ÍNDICE

I. O discípulo que aprendia 7
  Sigam-me! 7
  Sou um pecador 12
  Dedicação a toda prova 18
  Ingenuidade 23
  Como entender? 29
  Curioso e ciumento 34
  Prevendo o pior 40
  "Não conheço esse homem" 44
  Reabilitado 49

II. O apóstolo que ensinava 55
  A pedra 55
  Milagres 60
  Ele não se dobrava 65
  Intransigente e compreensivo 71
  Nas cartas de São Paulo 76
  Cartas de Pedro 81

Notas complementares 85
  Pedro e Nossa Senhora 85
  Os parentes de Pedro 87
  Idade de Pedro 87
  Pedro e os Onze 88
  O porteiro do céu 89
  A morte de Pedro 90
  Carta (oração) 91

Este livro foi composto com as famílias tipográficas Chaparral e Times New Roman
e impresso em papel Offset 75g/m² pela **Gráfica Santuário.**